# BEI GRIN MACHT SICH IHR WISSEN BEZAHLT

- Wir veröffentlichen Ihre Hausarbeit, Bachelor- und Masterarbeit

- Ihr eigenes eBook und Buch - weltweit in allen wichtigen Shops

- Verdienen Sie an jedem Verkauf

Jetzt bei www.GRIN.com hochladen und kostenlos publizieren

Jakob Engelmartin

# Storage Management in Unternehmen

GRIN Verlag

**Bibliografische Information der Deutschen Nationalbibliothek:**

Die Deutsche Bibliothek verzeichnet diese Publikation in der Deutschen National-
bibliografie; detaillierte bibliografische Daten sind im Internet über http://dnb.d-
nb.de/ abrufbar.

Dieses Werk sowie alle darin enthaltenen einzelnen Beiträge und Abbildungen
sind urheberrechtlich geschützt. Jede Verwertung, die nicht ausdrücklich vom
Urheberrechtsschutz zugelassen ist, bedarf der vorherigen Zustimmung des Verla-
ges. Das gilt insbesondere für Vervielfältigungen, Bearbeitungen, Übersetzungen,
Mikroverfilmungen, Auswertungen durch Datenbanken und für die Einspeicherung
und Verarbeitung in elektronische Systeme. Alle Rechte, auch die des auszugsweisen
Nachdrucks, der fotomechanischen Wiedergabe (einschließlich Mikrokopie) sowie
der Auswertung durch Datenbanken oder ähnliche Einrichtungen, vorbehalten.

**Impressum:**

Copyright © 2011 GRIN Verlag GmbH
Druck und Bindung: Books on Demand GmbH, Norderstedt Germany
ISBN: 978-3-656-47869-0

**Dieses Buch bei GRIN:**

http://www.grin.com/de/e-book/231613/storage-management-in-unternehmen

**GRIN - Your knowledge has value**

Der GRIN Verlag publiziert seit 1998 wissenschaftliche Arbeiten von Studenten, Hochschullehrern und anderen Akademikern als eBook und gedrucktes Buch. Die Verlagswebsite www.grin.com ist die ideale Plattform zur Veröffentlichung von Hausarbeiten, Abschlussarbeiten, wissenschaftlichen Aufsätzen, Dissertationen und Fachbüchern.

**Besuchen Sie uns im Internet:**

http://www.grin.com/

http://www.facebook.com/grincom

http://www.twitter.com/grin_com

FOM Hochschule für Oekonomie & Management Essen

Studienzentrum Hamburg

Berufsbegleitender Studiengang zum B.Sc. Wirtschaftsinformatik

3. Semester

Seminararbeit in IT-Infrastruktur

**Storage Management in Unternehmen**

Autor: Jakob Engelmartin

Hamburg, den 18.12.2011

# Inhaltsverzeichnis

# Abkürzungsverzeichnis

**API**      Application Programming Interface

**CIFS**      Common Internet File System

**DAS**      Direct Attached Storage

**FCoE**      Fibre Channel over Ethernet

**FC-GS-4** Fibre Channel Generic Services 4

**GUI**      Graphical User Interface

**I/O**      Input/Output

**iSCSI**      Internet SCSI

**ITIL**      IT Infrastructure Library

**JBOD**      Just a Bunch of Disks

**LAN**      Local Area Network

**LUN**      Logical Unit Number

**NAS**      Network Attached Storage

**NFS**      Network File System

**NTFS**      New Technology File System

**RAID**      Redundant Array of Independent Disks

**SAN**      Storage Area Network[1]

**SAS**      Serial Attached SCSI

**SCSI**      Small Computer System Interface

**SMI-S**      Storage Management Initiative Specification

**SNIA**      Storage Networking Industry Association

**SNMP**      Simple Network Management Protocol

---

[1]SAN steht auch für „System Area Network", wird aber in diesem Zusammenhang in dieser Arbeit nicht genutzt. (Vgl. Troppens et al., 2008, S. 504.)

**SRM**     Storage Resource Management

**SSD**     Solid State Disk

**SSH**     Secure Shell

# Tabellenverzeichnis

# Abbildungsverzeichnis

# 1 Einleitung

Die Entwicklung der IT-Komponenten ist von kontinuierlicher Erhöhung der Leistungsparamter geprägt. Dies macht auch vor Datenträgern nicht halt. Während 1989 eine Festplatte mit einer Kapazität von 20 Megabyte als sehr groß und kaum befüllbar galt, sind heute (im Jahre 2011) Festplatten mit einer Größe von 2 Terabyte im Verkaufsportfolio kein besonderer Anblick mehr. Dass diese Kapazität auf Dauer ausreichen wird, ist nicht abzusehen.

So steigen auch die von Unternehmen gespeicherten Datenmengen in der Regel kontinuierlich an. In der Literatur ist oft von „rasantem Datenwachstum" zu lesen, dessen „Ende nicht absehbar ist". Gesetzliche und organisatorische Anforderungen tragen dazu bei. Dieses Wachstum ist eine Herausforderung für die IT-Abteilungen, auf dass sie meist nur reagieren kann. Eine Eindämmung ist ihnen kaum möglich, da die IT keinen direkten Einfluss auf das Wachstum hat. Daher müssen die IT-Abteilungen zum Einen fortlaufend die zusätzlich benötigten Kapazitäten bereitstellen und diese zum Anderen fortan verwalten.

Das soll nicht heißen, dass das Wachstum mit der Entwicklung größerer Speicherkapazitäten einhergeht. Unternehmen, deren Datenwachstum schneller ist als die Entwicklung von Speicherkapazität, können nicht einfach die Festplatten tauschen. Doch auch wenn Kapazitäten ausreichend schnell zum Datenwachstum entwickelt werden, ist der Austausch von Festplatten losgelöst vom Server ohne spezielle Systeme oder aufwändiges Vorgehen nicht einfach möglich.

Es gilt aber nicht nur, hinreichende Kapazitäten bereitzustellen. Die gespeicherten Daten müssen verfügbar sein, wenn sie benötigt werden. Führen Ausfälle dazu, dass dies nicht möglich ist, entstehen den Unternehmen – je nach Branche in unterschiedlichem Ausmaß – schnell große Schäden, die im schlimmsten Fall zum Konkurs führen können.

Diese Arbeit zeigt auf, wie diesen Anforderungen begegnet werden kann. Sie führt den Leser zunächst zur Definition der verwendeten Begriffe „Storage Management" und „Speicher". Im Abschnitt „Storage-Systeme" wird die herkömmliche, serverzentrierte Architektur, bezogen auf die Speicherung, dargestellt. Anschließend wird dargelegt, was eine speicherzentrierte Architektur ist und was sie leistet. Der Aufbau der Netze selbst wird dabei nicht betrachtet, um den übrigen Bereichen hinreichend Raum geben zu können. Die ausgegrenzte Betrachtung wird dem grundlegenden Überblick über die Architekturen aber nicht im Wege stehen. Jeweils am Abschnittsende werden die beiden Architekturen zusammengefasst und bewertet. Im Abschnitt „Storage-Verwaltung" wird erläutert, wie Storage-Systeme einer speicherzentrierten Architektur verwaltet werden können. Dies ist insbesondere in komplexen Umgebungen eine Herausforderung. Auch dieser Abschnitt endet mit einer Zusammenfassung und Bewertung. Abschließend werden die gewonnenen Erkenntnisse in einer „Schlussbetrachtung" zusammengefasst.

# 2 Begriffsdefinitionen

## 2.1 Storage Management

Eine einheitliche Definition des im Titel dieser Arbeit verwendeten Begriffes Storage Management existiert nicht. Im Folgenden werden die Sichtweisen unterschiedlicher Quellen dargelegt und das daraus resultierende Vorgehen in dieser Arbeit dargestellt.

Stahlknecht und Hasenkamp verstehen unter Storage Management[2] eine dem tatsächlichen Bedarf angepasste Speicherkapazität sowie das Vermeiden von Redundanzen. (Vgl. Stahlknecht und Hasenkamp, 2005, S. 131.)
Konkret wird die Speicherplatzverwaltung auf den Plattenlaufwerken und die Datenträgerverwaltung (gemeint sind primär Magnetbänder) dem klassischen Storage Management zugeordnet. Das moderne Storage Management will dagegen eine Trennung von logischer und physischer Datenorganisation erreichen. Hierbei werden die Strategien Direct Attached Storage (DAS), Network Attached Storage (NAS) und Storage Area Network (SAN) unterschieden. (Vgl. Stahlknecht und Hasenkamp, 2005, S. 456 f.)

Auch Döllinger et al. sehen einen Wandel des Storage Managements. Die Kapazitäten waren bisher nur einem oder mehreren Rechnern im näheren Umkreis zugehörig. Nun erleben die zentralen Speichersysteme und dezidierten Speichernetze einen Siegeszug. Standardaufgaben der für das heutige Storage Management zuständigen Personen sind die Überwachung, Zuweisung und Konfiguration des Speichers. (Vgl. Döllinger et al., 2010, S. 255.)

---

[2]In der Quelle wird das Wort Speichermanagement verwendet. Dies wird mit Storage Management gleich gesetzt. Ebensowenig wie eine genaue Definition existiert eine exakte Übersetzung. Jedoch wird z.B. der Begriff „hierarchisches *Speichermanagement*" zu „hierarchical *storage management*" (vgl. o. V., Paul Hemetsberger IT-Dienstleistungen (Hrsg.), o. S.) übersetzt. Dies wird von Pultorak et al. gestützt: „Das Storage-Management (Speicher-Management) umfasst [...]" (Pultorak et al., 2005, S. 52).
Diese Arbeit verwendet entsprechend dem Titel den Begriff Storage Management, auch wenn in einer Quelle das (halb-)deutsche Wort Speichermanagement o.ä. verwendet wird.

Die Service Operating Publikation der IT Infrastructure Library (ITIL) beschreibt Storage Management in allgemeiner Form: Es ist ein Prozess, der für die Verwaltung des Speichers und die Pflege der Daten über ihre gesamte Nutzungsdauer hinweg verantwortlich ist. (Vgl. Wheeldon et al., 2007, S. 247.)

Diesen Darstellungen folgend beginnt diese Arbeit mit der Betrachtung von Storage Management bei den zugrundeliegenden Systemen (DAS, NAS und SAN) und Konzepten als ersten Bereich. Der zweite Bereich ist die Verwaltung von Speichersystemen.[3]

Der Schwerpunkt wird dabei auf zentrale Speichersysteme, konkret auf die SAN-Architektur, gelegt.

## 2.2 Speicher

In dieser Arbeit liegt der Schwerpunkt der Betrachtung auf dem peripheren Massenspeicher. Dem gegenüber ist der Begriff Speicher allgemein auch für den Hauptspeicher (auch Primärspeicher) eines Computersystems geläufig. (Vgl. Stahlknecht und Hasenkamp, 2005, S. 22 u. 55 f.) Entsprechend des Schwerpunktes ist in dieser Arbeit mit dem Wort Speicher immer der Massenspeicher gemeint – es sei denn, Hauptspeicher wird explizit als solcher benannt.

# 3 Storage-Systeme

Um die von einem Unternehmen genutzten Daten speichern und bei Bedarf wieder aufrufen zu können, existieren unterschiedliche Architekturen und Konzepte, die im Folgenden dargestellt werden.

Bei den genutzten Speichermedien handelt es sich meistens um Magnetplatten (vgl. Stahlknecht und Hasenkamp, 2005, S. 56 f.), deren Bedeutung aber zukünftig wohl abnehmen wird. (Vgl. Mücke, 2011, S. 13.) Oftmals bessere Performance bieten Solid State Disks (SSDs), welche von nahezu allen Storage-Anbietern „entdeckt" wurden. (Vgl. Riepe, 2011, S. 8 u. 10.) Es kommen aber auch andere Medien in Betracht, deren Nutzung je nach Anforderungen vorteilhaft ist, insbesondere für die Datensicherung und Archivierung. (Vgl. Stahlknecht und Hasenkamp, 2005, S. 57.)

Diese Arbeit betrachtet Speichersysteme, welche für die Ablage von Daten und de-

---

[3]Die in der ITIL beschriebene Pflege von Daten kann in dieser Arbeit keine Berücksichtigung finden, da dies den Rahmen sprengen würde.

ren zeitkritischen Abruf geeignet sind. Die genutzten Speichermedien finden dabei nachfolgend – aufgrund des begrenzten Umfanges – nur beiläufige Berücksichtigung. Im Anhang befindet sich auf S. 22 die Abbildung 2, welche die folgenden Darstellungen visualisiert.

## 3.1 Serverzentrierte Architektur

Troppens et al. beschreiben als serverzentrierte Architektur diejenigen Systeme, in welchen ein Speicher direkt an (zumeist[4]) einen Server angeschlossen ist. Um auf den Speicherinhalt zugreifen zu können, muss der Zugriff immer über den dem Speicher zugehörigen Server erfolgen – deshalb die Bezeichnung serverzentrierte Architektur. (Vgl. Troppens et al., 2008, S. 1.)

### 3.1.1 Direct Attached Storage

Der Speicher, welcher ohne ein Speichernetz direkt mit einem Host verbunden ist, wird Direct Attached Storage (DAS) genannt. Die Anbindung erfolgt z.b. über Small Computer System Interface (SCSI) oder Serial Attached SCSI (SAS). (Vgl. Troppens et al., 2008, S. 487.) Es handelt sich hierbei um die klassische Konstellation. Nach Stahlknecht und Hasenkamp hat DAS innerhalb des modernen Storage Management (siehe hierzu auch Seite 2 in Abschnitt 2.1) nur noch für Backupmaßnahmen und kleinere Anwendungssysteme eine Bedeutung. (Vgl. Stahlknecht und Hasenkamp, 2005, S. 456.)

### 3.1.2 Network Attached Storage

Server, welche direkt an sie angeschlossenen Speicher in einem Netzwerk bereitstellen, werden als Network Attached Storage (NAS) bezeichnet. Die Nutzung des NAS kann dabei sowohl durch Clients als auch durch Anwendungsserver erfolgen. (Vgl. Stahlknecht und Hasenkamp, 2005, S. 456 f.)
Troppens et al. definieren NAS enger. Demnach handelt es sich um vorkonfigurierte Fileserver, welche oftmals mit einem angepassten Betriebssystem ausgeliefert werden. (Vgl. Troppens et al., 2008, S. 500.)
Die Daten auf einem NAS werden also aus dessen Sicht auf DAS gespeichert.

---

[4]In seltenen Konstellationen sind zur Erhöhung der Ausfallsicherheit zwei Server an einen Speicher angeschlossen. Jedoch kann immer nur ein Server aktiv mit dem Speicher arbeiten.

### 3.1.3 Bewertung serverzentrierte Architektur

Der Vorteil eines NAS gegenüber einem herkömmlichen Server mit DAS kann eine höhere Leistung sein, da das Betriebssystem auf den Datentransfer ausgelegt ist. (Vgl. Hansen und Neumann, 2005, S. 132.) Jedoch werden mit NAS die Daten dateibasiert übertragen. Dies ist z.b. bei Datenbankservern nicht sinnvoll, da bei jeder Änderung die gesamte Datenbankdatei übertragen würde. Bei Fileservern ist dies hingegen irrelevant. (Vgl. Robbe, 2004, S. 31.)

Serverzentrierte Architekturen sind – verglichen mit und ausblickend auf speicherzentrierte Architekturen – einfache und preisgünstige Methoden, um Daten zu speichern und wieder zur Verfügung stellen zu können. (Vgl. Hansen und Neumann, 2005, S. 131 f.)

Nachteilig ist die insgesamt beschränkte Leistung der Systeme sowie die Nutzung und damit Belastung des lokalen Netzes. (Vgl. Hansen und Neumann, 2005, S. 133.)

Fällt ein Server aus, stehen die Daten seines DAS nicht mehr zur Verfügung. Zudem ist die Speicherzuordnung statisch: Server A kann in der Regel nicht den Speicher von Server B nutzen. Wenn Server A voll ist, können freie Kapazitäten von Server B nicht einfach genutzt werden. Auch die maximal mögliche Zuordnung von Speicher zu einem Server ist begrenzt, da er nur eine beschränkte Anzahl an Input/Output (I/O)-Karten aufnehmen kann. (Vgl. Troppens et al., 2008, S. 1 f.)

Wenn aber die Grenzen nicht relevant werden, ist die Nutzung von serverzentrierten Architekturen aus Kostengründen sinnvoll.

## 3.2 Speicherzentrierte Architektur

In speicherzentrierten Architekturen ist der Zugriff auf den Speicher ohne einen dafür zuständigen Server möglich. Es können mehrere Server gleichzeitig auf ein Speichergerät zugreifen. Troppens et al. betrachten Server hier nur noch als Anhängsel am Speicher. Die Speichergeräte dagegen stehen im Zentrum der IT-Architektur. SCSI-Kabel werden dabei durch ein Speichernetz ersetzt, was zusätzlich zum Local Area Network (LAN) existiert.[5] (Vgl. Troppens et al., 2008, S. 3.)

---

[5]Hansen und Neumann ordnen auch NAS (siehe Abschnitt 3.1.2 auf S. 4) in die Speichernetze ein, sprechen aber von dem Anschluss an das reguläre LAN. (Vgl. Hansen und Neumann, 2005, S. 131.) Diese Einordnung geschieht wohl aufgrund des Umstandes, dass der Speicher im Netz(-werk) verfügbar gemacht wird.
Das Werk von Robbe behandelt DAS (siehe Abschnitt 3.1.1 auf S. 4) in der Kategorie der Client/Server-Architektur. (Vgl. Robbe, 2004, S. 20 f.) NAS wird (zusammen mit Internet SCSI (iSCSI)) als LAN-basiertes Subsystem in die Speicherzentralisierung eingeordnet. (Vgl. Robbe, 2004, S. 25, 28 u. 30.) Ein SAN ist ein Hochgeschwindigkeitsnetzwerk zwischen Subsystemen

### 3.2.1 Storage Area Network

Das Speichernetz, was den Zugriff der Server auf die Speichergeräte ermöglicht, wird Storage Area Network (SAN) oder auch Speichernetz genannt. Speichergeräte können z.b. Disksubsysteme, Bandbibliotheken oder Jukeboxen für optische Datenträger sein. (Vgl. o. V., Heise Zeitschriftenverlag GmbH & Co. KG (Hrsg.), 2011, S. 185.) Meistens werden im Rahmen einer SAN-Einführung die DAS an den Servern durch große, gemeinsam genutzte Disksubsysteme ersetzt. (Vgl. Troppens et al., 2008, S. 3 f.) Auf sie wird im nachfolgenden Abschnitt 3.2.2 genauer eingegangen.[6] Übertragungsprotokolle eines SAN sind beispielsweise Fibre Channel, iSCSI oder Fibre Channel over Ethernet (FCoE).[7] (Vgl. o. V., Heise Zeitschriftenverlag GmbH & Co. KG (Hrsg.), 2011, S. 185.) Die Datenübertragung erfolgt – im Gegensatz zum dateibasierten NAS (vgl. S. 5 in Abschnitt 3.1.3) – blockbasiert. (Vgl. Troppens et al., 2008, S. 60 u. 485.) Es existieren jedoch auch Geräte am Markt, die neben den blockbasierten Protokollen gleichzeitig auch als NAS-Server mit Network File System (NFS) und Common Internet File System (CIFS) dateibasiert Daten zur Verfügung stellen. (Vgl. Wurm und Nolte, 2011, S. 80.) So kann z.b. mit der Servervirtualisierungssoftware VMware als Storage-Architektur ein NFS-Storage verwendet werden. Aus Performancegründen sollten die NFS-Daten das SAN nutzen. (Vgl. Zimmer, 2010b, S. 403 u. 405.)

### 3.2.2 Disksubsysteme

Disksubsysteme stehen in unterschiedlichster Größe zur Verfügung: Von Festplattengehäusen mit mehreren Platten bis hin zu Speicherschränken mit einem Gewicht über einer Tonne. (Vgl. Troppens et al., 2008, S. 16 f.)
Nachfolgend werden die Systeme aufgrund ihres Controllers unterschieden. (Vgl. Troppens et al., 2008, S. 21.)

**Kein Controller** Festplattengehäuse ohne Controller nehmen Festplatten auf und versorgen diese mit Strom. Die Festplatten werden von einem angeschlossenen

---

und Servern. Es beendet durch den „any to any"-Ansatz das „Besitzen" und „Handhaben" von Speichersubsystemen durch Server. Ein SAN basiert nach Robbe (2004) auf Fibre Channel-Technologie. (Vgl. Robbe, 2004, S. 33 u. 36.) Robbe kategorisiert also anhand des Anschlusses von Speicher-Subsystemen [Anm.: in logischer und physikalischer Hinsicht]. (Vgl. Robbe, 2004, S. 19.)

[6] Auf weitere Speichergeräte wie Bandbibliotheken wird hier aufgrund des begrenzten Umfanges nicht eingegangen.

[7] Auf die Netzstrukturen wird in dieser Arbeit aufgrund des begrenzten Umfanges nicht eingegangen. Weiterführende Literatur ist z.B. Troppens et al., 2008; Robbe, 2004.

Server einzeln erkannt. Eine geläufige Bezeichnung ist Just a Bunch of Disks (JBOD). Der Vorteil ist ein besseres Handling gegenüber losen Platten.[8] (Vgl. Troppens et al., 2008, S. 21 f.)

**RAID-Controller** Ein Disksubsystem mit Redundant Array of Independent Disks (RAID)-Controller ist eine Erweiterung von JBOD. Ein RAID schafft einerseits eine Erhöhung der Performance durch Verteilung der Daten über mehrere Festplatten („Striping"). Andererseits kann die Ausfallsicherheit durch mehrfache Speicherung der Daten auf mehreren Festplatten erhöht werden („Redundanz").[9] Die physikalischen Eigenschaften der Platten werden durch den RAID-Controller zusammengefasst und den angeschlossenen Systemen virtuell in anderer Form präsentiert. (Vgl. Troppens et al., 2008, S. 22.)

Der Controller besitzt – wie auch bereits die einzelnen Festplatten – einen schnellen Zwischenspeicher („Cache") zur Beschleunigung der Lese- und (insbesondere der) Schreibzugriffe. (Vgl. Wurm und Nolte, 2011, S. 76 f.)

**Intelligenter Controller** Troppens et al. kategorisieren Disksubsysteme, deren Controller über RAID hinaus Funktionen anbietet, als Systeme mit intelligentem Controller. (Vgl. Troppens et al., 2008, S. 44.)

Die Systeme sind häufig modular. So lassen sich Geräte mit einem Gehäuse meist erweitern. Highend-Systeme besitzen meist mehrere Controller je Gehäuse. (Wurm und Nolte, 2011, S. 78.) Die Systeme können so konstruiert sein, dass sie den Ausfall jeder beliebigen Komponente verkraften können. Sie haben in diesem Fall also keinen Single Point of Failure. (Vgl. Troppens et al., 2008, S. 58.)

Funktionen dieser Disksubsysteme sind z.B. systeminterne Datenkopien in Form von Snapshots (siehe Abschnitt 3.2.2.1) und Logical Unit Number (LUN)-Masking (siehe Abschnitt 3.2.2.2), welche bereits in Einsteigermodellen zu finden sind. Funktionen größerer (und teurer) Disksubsysteme sind z.B. Thin Provisioning (siehe Abschnitt 3.2.2.3) und Remote Mirroring (siehe Abschnitt 3.2.2.4). (Vgl. Troppens et al., 2008, S. 44; Wurm und Nolte, 2011, S. 78.)

Die nachfolgend durchgeführte Betrachtung von Funktionen der Disksubsysteme möchte häufig genannte Funktionen beleuchten. Sie ist daher keine vollständige Auflistung aller in Disksubsystemen verfügbaren Funktionen.

---

[8]Anm.: Wird ein „JBOD" nicht an eine Instanz im Speichernetz, sondern direkt an einen Server angeschlossen, handelt es sich um DAS.

[9]Für weitere Informationen zu den verschiedenen RAID-Level siehe z.B. Troppens et al., 2008, S. 25 ff.; Wurm und Nolte, 2011, S. 78 f.

### 3.2.2.1 Systeminterne Datenkopien

Datenkopien können innerhalb des Disksubsystems erstellt werden, sofern dieses die entsprechende Funktion bietet. Da die Kopien durch das Speichergerät erstellt werden, werden die Server entlastet.

Unterschieden werden zwei grundsätzliche Verfahren: Snapshots sind virtuelle Kopien, bei welchen fortlaufend die Veränderung der Kopie gegenüber dem Original (oder andersherum) gespeichert wird. Gibt es zwischen beiden Kopien keine Unterschiede, sind die Daten nur einmal auf den physikalischen Datenträgern gespeichert. Andernfalls belegt der Snapshot Speicherplatz in der Größe der Änderungen. Den an das Disksubsystem angeschlossenen Systemen stehen transparent die beiden Kopien unabhängig voneinander zur Verfügung.

Dem gegenüber stehen Clones, welche Vollkopien der kopierten Daten sind. (Vgl. Döllinger et al., 2010, S. 103 bis 105.)

Ein Vergleich zwischen Snapshots und Clones findet sich in Tabelle 1.

|  | **Snapshots** | **Clones** |
| --- | --- | --- |
| Erstellung | Nahezu sofort | Zugriff erst nach Kopiervorgang möglich |
| Platzbedarf | Abhängig vom Delta | 1:1 Kopie |
| Kapazitätsvorreservierung | Keine, aber Überbuchung bei vielen Änderungen möglich | Volle Reservierung, aber kein Überbuchungsrisiko |
| Sicherungspunkte | Mehrere Zeitpunkte möglich | Ein Zeitpunkt je Kopie |
| Performanceimpact | Fortlaufend, da Blöcke gemeinsam genutzt werden | Einfluss während der Kopieerstellung, danach autark, wenn [Anm. physikalisch] von der Quelle getrennt |

In Anlehnung an: Döllinger et al., 2010, S. 105

Tabelle 1: Vergleich Verfahren zur Datenkopieerstellung

Anwendungsbeispiele (vgl. Döllinger et al., 2010, S. 106):

- Verlangt eine Anwendung zum Erstellen konsistenter Backups, in einen Backupmodus geschaltet zu werden, so kann dies kurzfristig während der Erstellung eines Snapshots geschehen. Anschließend kann die Anwendung wieder in den produktiven Betrieb gehen, während ein externes Backup unter Nutzung des Snapshot erstellt wird.
- Für Tests von notwendigen Änderungen (z.B. Patches) an den Daten können Kopien erstellt werden. An diesen können die Tests durchgeführt werden, ohne die für den produktiven Betrieb benötigten Daten zu gefährden.

### 3.2.2.2 LUN-Masking

Die von einem Disksubsystem an einen Server zur Verfügung gestellten Festplatten werden LUN genannt. Hierbei handelt es sich entweder um physikalische oder mittels RAID virtuell zusammengefasste Platten.

Ohne LUN-Masking würde jeder Server alle Festplatten sehen, die von einem Disksubsystem zur Verfügung gestellt werden. Mit LUN-Masking stellt der Controller des Disksubsystems nur diejenigen Platten zur Verfügung, die jeweils für die Bereitstellung konfiguriert wurden. (Vgl. Troppens et al., 2008, S. 54 bis 57.)

### 3.2.2.3 Thin Provisioning

Bei der Speicherzuweisung wählen Verantwortliche laut Wurm oftmals einen Mittelweg zwischen Bedarf und Wachstum. Statistisch gesehen sind nur 25% der Ressourcen tatsächlich ausgelastet.[10] Storage habe hier keine Änderung gegenüber DAS gebracht.

Bei der Zuweisung von Speicher ohne Thin Provisioning wird der benötigte Speicherplatz einem Server fest zugewiesen („Dedicate on Allocation"). Er steht anderen Servern nicht zur Verfügung. (Vgl. Wurm, 2011, S. 169.)

Mit Thin Provisioning wird den Servern virtuell eine große LUN zugewiesen („Storagevirtualisierung", siehe auch Abschnitt 3.2.3 auf S. 11). Die Kapazität wird im Subsystem aber erst belegt, wenn Daten geschrieben werden („Dedicate on Write"). Dadurch kann den Servern in Summe virtuell mehr Speicher zugewiesen werden, als physikalisch tatsächlich vorhanden ist. Da Thin Provisioning eine Funktion des Disksubsystems ist, ist es für den Server transparent. Aus seiner Sicht steht die zugewiesene LUN in voller Größe zur Verfügung. (Vgl. Döllinger et al., 2010, S. 111 f.; Wurm, 2011, S. 169 f.) So kann eine bessere Auslastung der Kapazität erreicht werden.

Dieser Flexibilität stehen aber auch Nachteile gegenüber. Zwar wächst die physikalische Speicherbelegung mit der Belegung durch den Server – sie sinkt jedoch nicht, wenn der Server Daten in seinem Speicherplatz löscht. Z.B. löscht ein Windows-Server in einem New Technology File System (NTFS) nur die Verweise auf die Blöcke, sie selbst aber nicht. Die Daten werden erst wieder überschrieben, wenn Windows der Platz ausgeht. Das Disksubsystem erkennt nur, dass ein Block belegt ist – allerdings nicht, ob er noch genutzt wird. Disksubsystemhersteller bieten Software an, welche die Blöcke leert. Dies hat allerdings Folgen für Datenwiederherstellung und Snapshots im Serverbetriebssystem.

---

[10]Nach Döllinger et al. 50-60%. (Vgl. Döllinger et al., 2010, S. 111.)

Zudem besteht die Gefahr, dass das Volume des Diskubsystems voll läuft, wenn die genutzte Kapazität die physikalische Grenze erreicht. Auch gibt es Applikationen – z.b. Datenbanken – die sofort den gesamten Speicherplatz belegen. (Vgl. Döllinger et al., 2010, S. 112 f; Wurm, 2011, S. 170.)

### 3.2.2.4 Hochverfügbarkeit

Während mittels der in Abschnitt 3.2.2.1 vorgestellten Datenkopien logischen Fehlern in Anwendungen inklusive der Serverbetriebssysteme vorgebeugt werden kann, können auch für den Ausfall ganzer Disksubsysteme Maßnahmen getroffen werden. Gründe für einen Ausfall können beispielsweise Stromausfall, Feuer, Wasser oder Fehler im Disksubsystem sein.

Abhilfe verschafft die Spiegelung („Remote Mirroring") der Daten eines Disksubsystems auf ein zweites, welches einem anderen Brandabschnitt und Stromkreis zugehörig sein sollte. Die Abwicklung erfolgt durch die beiden beteiligten Disksubsysteme.[11] (Vgl. Troppens et al., 2008, S. 47 f. u. 219 f.) Typischerweise ist die Spiegelung aber nur hersteller-, teils sogar nur modellspezifisch möglich. (Vgl. Döllinger et al., 2010, S. 107.)

Es wird zwischen synchronem und asynchronem Remote Mirroring unterschieden. Synchrones Remote Mirroring schreibt die Daten auf beiden Disksubsystemen und bestätigt dies dem Server erst dann. Dadurch ist der Datenbestand immer gleich, jedoch steigt die Antwortzeit.

Bei asynchronem Remote Mirroring wird dem Server das Schreiben vom primären Disksubsystem schon bestätigt, wenn die Daten noch nicht zum sekundären System gelangt sind. Die Spiegelung wird erst anschließend vorgenommen. Dadurch entsteht kein Performance-Verlust, für den Stand der Daten auf dem Sekundärsystem gibt es aber keine Garantie. (Vgl. Troppens et al., 2008, S. 48 bis 50.)

Sind am sekundären Disksubsystem Server angeschlossen und diese Bestandteil eines Clusters, kann an diesem Standort bei Ausfall des primären Disksubsystems (oder auch des primären Servers) der Betrieb mit dem Datenstand des Sekundärsystems fortgesetzt werden. (Vgl. Troppens et al., 2008, S. 218 f. u. 405.) Voraussetzung ist, dass die Anwendungen „Cluster-aware" sind.

Ein anderes Verfahren der Betriebsfortsetzung kann mit Servervirtualisierungssoftware wie beispielsweise VMware realisiert werden. Hier können virtuelle Serverbetriebssysteme auf einem sekundären Virtualisierungshost wieder angefahren werden

---

[11] Es gibt auch gute Gründe dafür, dass nicht die Disksubsysteme selbst, sondern andere Instanzen die Spiegelung durchführen. Siehe Troppens et al., 2008, S. 220 bis 223.

(„Fast Server Recovery"), wenn das primäre Disksubsystem oder der primäre Virtualisierungshost nicht mehr zur Verfügung stehen.[12] (Vgl. Zimmer, 2010a, S. 124.)

### 3.2.3 Storagevirtualisierung

In kleineren Umgebungen wird der Einsatz von SAN nach Troppens et al. ausreichen, „um der Daten Herr zu werden" (Troppens et al., 2008, S. 165). In größeren
Umgebungen werden aber zusätzliche Hilfsmittel benötigt, um eine effiziente Verwaltung der Daten realisieren zu können. (Vgl. Troppens et al., 2008, S. 165.)
Storagevirtualisierung (nachfolgend auch Virtualisierung genannt) wird unterschied-
lich ausgelegt und verstanden. (Vgl. Döllinger et al., 2010, S. 95.) Die Storage Networking Industry Association (SNIA), eine Handelsvereinigung zur Förderung von
Speicherstandards und -lösungen, hat den Begriff „virtualization" definiert: Demnach ist Virtualisierung das Vorgehen, die internen Funktionen eines Storage- (Sub-)
Systems oder Storagedienstes vor Anwendungen, Hosts oder Netzwerkressourcen zu
abstrahieren, zu isolieren oder zu verstecken. Zweck ist dabei, anwendungs- und netz-
werkunabhängige Verwaltung von Daten oder Storage zu ermöglichen. Des Weiteren
ist damit der Einsatz von Virtualisierung auf Storagedienste oder -geräte mit dem
Zweck, Funktionen oder Geräte zusammenzufassen, Komplexität zu verbergen oder
„low level"-Ressourcen um Möglichkeiten zu erweitern, gemeint. (Vgl. Bunn et al.,
2004, S. 3.)
Die Virtualisierung kann an den nachfolgend aufgeführten Orten durchgeführt werden.

**Virtualisierung im Server** Klassische Storagevirtualisierung durch einen Server stellen Volume Manager zusammen mit dem Dateisystem (z.B. NTFS) dar. Der
Volume Manager abstrahiert den physikalischen Speicher von Festplatten in
logische Diskgruppen. Über die Dateisysteme werden diese dann den Anwendungen auf dem Server zur Verfügung gestellt.
Auch durch einen Host-Bus-Adapter[13] kann Virtualisierung erreicht werden.
Beispiel ist ein RAID-Controller, welcher die physikalischen Blöcke der Datenträger als logische Blöcke dem Volume Manager des Betriebssystems zur
Verfügung stellt. (Vgl. Troppens et al., 2008, S. 187 f.)

**Virtualisierung im Speichergerät** Ein Beispiel sind intelligente Controller in Disksub-

---

[12]Die Möglichkeiten für serverseitige Verfügbarkeit sind hier nur vereinfacht dargestellt. Weiter-
führendes u.a. in Troppens et al., 2008, S. 403 ff. und Zimmer, 2010a, passim.
[13]Adapterkarte, welche in einem Server verbaut wird. Beispiele sind SCSI-Controller, Fibre-
Channel-Karten und iSCSI-Karten. (Vgl. Troppens et al., 2008, S. 493.)

systemen (siehe S. 7 in Abschnitt 3.2.2). Durch LUN-Masking und RAID
werden die physikalischen Festplatten zu virtuellen Festplatten zusammengefasst. (Vgl. Troppens et al., 2008, S. 189.) Döllinger et al. definieren als
häufigste controllerbasierte Virtualisierung die Bereitstellung von extern an
ein Speichergerät angeschlossenem Speicher. Das Speichergerät stellt diesen
transparent gemeinsam mit seinem internen Speicher zur Verfügung. Dadurch
können auch für den externen Speicher Funktionen wie Spiegelung und Da-
tenreplikation angewendet werden. (Vgl. Döllinger et al., 2010, S. 101.)

**Virtualisierung im SAN** Virtualisierungsinstanz ist ein spezialisierter Server oder
ein Gerät. Dieses trennt physikalischen und logischen Speicher. Die Instanz
hält die für die Virtualisierung notwendigen Metadaten vor. Sie verwaltet und
konfiguriert die Speichergeräte und fasst diese zu logischem Speicher zusammen. (Vgl. Troppens et al., 2008, S. 190 f. u. 195.) Die intelligenten Funktionen
von Disksubsystemen können geräteunabhängig übernommen werden. (Vgl.
Erkens, 2011, S. 167.) Bietet die Instanz Funktionen wie Datenkopien oder
Remote Mirroring, so werden diese im Speichergerät nicht mehr benötigt. Es
können einfachere RAID-Systeme verwendet werden, wodurch eine Kostenein-
sparung ermöglicht wird. (Vgl. Erkens, 2011, S. 168.)
Der Virtualisierung im SAN[14] wird ein großes Potential zugeschrieben, da sie
unterschiedlichen Servern zur Verfügung stehen und gleichzeitig unterschiedliche Speichergeräte integrieren kann. Dadurch können die Ressourcen des SAN
effizienter genutzt, kann die Performance und die Verfügbarkeit der Daten ge-
steigert werden. (Vgl. Erkens, 2011, S. 168; Troppens et al., 2008, S. 199.)
Zu bedenken ist, dass eine Virtualisierungsinstanz einen Single Point of Failure darstellt. Dem kann mit dem Einsatz von mehreren parallelen Instanzen
(Cluster) begegnet werden. (Vgl. Troppens et al., 2008, S. 192 u. 196.)

Ein Bestreben, die Intelligenz von den Speichergeräten in das Speichernetz zu ver-
lagern, zeichnet sich nach Vosschmidt und Wiehr ab. (Vgl. Vosschmidt und Wiehr,
2011, S. 98.) Demnach wird die Virtualisierung im SAN zunehmende Bedeutung
in Storageumgebungen erlangen, während die Bedeutung von Disksubsystemen mit
intelligentem Controller (vgl. S. 7 in Abschnitt 3.2.2) abnehmen wird.

---

[14]Virtualisierung kann auch über das LAN erfolgen. Siehe dazu „assymetrische Speichervirtuali-
sierung" in Troppens et al., 2008, S. 195 f. Diese ist ebenfalls gemeint, wird aber wegen des
begrenzten Umfanges hier nicht näher erläutert.

### 3.2.4 Bewertung speicherzentrierte Architektur

Benötigen Server weitere Speicherkapazität, kann ihnen verfügbare Kapazität aus dem Speichernetz zugewiesen gestellt werden. Reicht die Kapazität im Speichernetz nicht aus, kann − sofern möglich − ein Speichergerät um Kapazitätseinheiten erweitert werden. Modulare Bauweise von Disksubsystemen oder Virtualisierung im Disksubsystem sind die Voraussetzung dafür. Es ist aber auch möglich, zusätzliche Speichergeräte im Speichernetz zu integrieren. Da durch das SAN der Speicher eine eigene Ebene darstellt, ist die Kapazitätserweiterung serverunabhängig und damit gegenüber serverzentrierten Architekturen einfacher gestaltbar.

Wie in Abschnitt 3.2.2.4 dargestellt, kann mit Remote Mirroring Hochverfügbarkeit über Brandabschnitte und größere Entfernungen hinweg hergestellt werden. Zusammen mit Servervirtualisierung kann eine hohe Verfügbarkeit sogar dann hergestellt werden, wenn die Anwendungen nicht „Cluster-aware" sind.

Die Migration von z.B. einem alten Server auf einen neuen wird durch die zentrierte Datenhaltung einfacher. Systeminterne Datenkopien innerhalb der Disksubsysteme erleichtern das Testen. (Vgl. Troppens et al., 2008, S. 4 bis 6.)

Mit Techniken wie Thin Provisioning werden an Server zugewiesene, aber nicht genutzte Speicherbereiche für andere Server verfügbar gemacht (vgl. Abschnitt 3.2.2.3 auf S. 9). (Vgl. Erkens, 2011, S. 166.)

Zwar kann mit SANs die Speicherkapazität und -Performance bei Bedarf erweitert werden, jedoch bilden die einzelnen Speichergerätetypen Speicherinseln. Sie sind nicht ohne weiteres untereinander kompatibel. Hierdurch steigen nach Erkens auch die Betriebskosten erheblich. Abhilfe schafft Storagevirtualisierung im SAN (vgl. S. 12 in Abschnitt 3.2.3). Hiermit gelingt z.B. der Austausch von Disksubsystemen, ohne dass die zugrundeliegende Anwendung hiervon unterbrochen wird oder umgestellt werden muss. (Vgl. Erkens, 2011, S. 166 u. 168.)

Allerdings verschaffen weitere Instanzen auch zusätzliche Komplexität (vgl. Erkens, 2011, S. 168), z.B. in der Verwaltung der Einheiten. Daher werden geeignete Verwaltungswerkzeuge benötigt. (Vgl. Troppens et al., 2008, S. 413.) Im folgenden Abschnitt 4 werden u.a. diese als Bestandteil der Storage-Verwaltung dargestellt.

# 4 Storage-Verwaltung

Während in der Vergangenheit bezüglich des Speichers die Anschaffung den größten Teil der Kosten darstellte, überwiegen inzwischen die Kosten für den Betrieb. Nach

Troppens et al. sind die Kosten für die Verwaltung höher als die Anschaffungskosten für Hard- und Software eines SAN. (Vgl. Troppens et al., 2008, S. 414 u. 437.) Daraus leitet sich die Notwendigkeit einer effizienten Verwaltung ab.

## 4.1 Anforderungen

Gegenüber der festen Zuordnung von Server und Speicher bei DAS ist ein SAN unter Umständen – je nach Größe – weit verzweigt. Häufig wird ein Speichergerät von mehreren Servern verwendet, und Server verwenden mehrere Speichergeräte. (Vgl. Troppens et al., 2008, S. 413.) Die Infrastruktur wird oft von verschiedenen Herstellern bezogen. (Vgl. Döllinger et al., 2010, S. 271.) Der Speicher kann sich in anderen Gebäuden oder Stadtteilen befinden. Zwischen Servern und Speicher können sich mehrere Virtualisierungsschichten befinden. So ist die Zuordnung von Speicher zum Server ohne ein Hilfswerkzeug schwierig. Zudem müssen nicht nur Server und Speichergeräte, sondern auch die SAN-Komponenten verwaltet werden. (Vgl. Troppens et al., 2008, S. 413.)

Nachfolgend werden Aspekte mit Relevanz für die Verwaltung speicherzentrierter Architekturen aufgezählt.

- Für die Verwaltung des SAN sind Größen wie Übertragungskapazität, Auslastung, Fehlerrate, Redundanz und Latenz relevant.
- Auf der Ebene des Speichers spielen Aspekte wie die Zuweisung von LUNs, RAID-Level und Performance eine Rolle. (Vgl. Troppens et al., 2008, S. 411 f.)
- Die gespeicherten Daten sollten z.B. bezüglich der Erfordernis von Verfügbarkeit und Performance eingeteilt werden.
- Anwendungen sollten beispielsweise bezüglich der notwendigen Verfügbarkeit kategorisiert und die fehlerfreie Ausführung kontrolliert werden. (Vgl. Troppens et al., 2008, S. 526 f.)
- Um Fehler besser eingrenzen und wenn möglich schon proaktiv erkennen zu können, ist ein „Fault Monitoring" nötig. (Vgl. Döllinger et al., 2010, S. 256.)
- Zu einer ganzheitlichen Sicht gehört auch die Betriebswirtschaft. Hierfür sollten zu den Geräten z.B. die Abschreibungsdauer oder Mietzeiträume ersichtlich sein. (Vgl. Troppens et al., 2008, S. 412.)

Döllinger et al. sprechen auch von einer End-to-End-Sicht, „von der Anwendung bis zum Spindel" (Döllinger et al., 2010, S. 271). Storage-Verwaltung ist also nicht nur das reine Bereitstellen von Kapazität, sondern muss den Transport, die Lagerung und die Verwendung der Daten berücksichtigen. (Vgl. Vosschmidt und Wiehr,

2011, S. 96.) Zudem hat ein SAN mit den Speichersystemen eine Kernfunktion in IT-Umgebungen. Ein Ausfall hat damit möglicherweise Auswirkung auf sehr viele Anwendungen.

Eine durchgängige Unterstützung über die genannten Ebenen in einem zentralen Verwaltungswerkzeug dient dem Ziel, die Kosten für die Verwaltung und Auswirkungen bei Fehlern speicherzentrierter Architekturen gering zu halten. (Vgl. Döllinger et al., 2010, S. 255 f.; Troppens et al., 2008, S. 414)

## 4.2 Verwaltungsschnittstellen

Grundlage für die Verwaltung von Verbindungs- und Endgeräten eines SAN sind Schnittstellen. Diese können standardisiert oder proprietär sein.

Standardisierte Schnittstellen werden von Standardisierungsorganisationen wie z.B. der SNIA und der Internet Engineering Task Force geschaffen. Ziel ist, dass alle Komponenten eines SAN über eine einheitliche Schnittstelle angesprochen werden können. Beispiele sind die Fibre Channel Generic Services 4 (FC-GS-4), das Simple Network Management Protocol (SNMP) und die Storage Management Initiative Specification (SMI-S).[15] Da zentrale Verwaltungswerkzeuge (siehe Abschnitt 4.4) SMI-S nutzen, wird diese im nachfolgenden Abschnitt 4.3 genauer beleuchtet.

Proprietäre Schnittstellen sind dagegen solche, die nicht standardisiert wurden. In der Regel sind sie hersteller-, teils sogar gerätespezifisch. Da der Standardisierungsprozess meistens langsamer als der technische Entwicklungsstand ist, sind hiermit oftmals tiefergehende Verwaltungsschritte möglich. Proprietäre Schnittstellen können in Form von Application Programming Interfaces (APIs), Telnet, Secure Shell (SSH)[16] und Element Managern (zu diesen siehe Abschnitt 4.4) definiert sein. (Vgl. Troppens et al., 2008, S. 417 f. u. 421.)

Des Weiteren werden In-Band- und Out-Band-Schnittstellen unterschieden. Differenziert wird aufgrund des Anschlusses, welcher für die Schnittstelle genutzt wird. Über eine In-Band-Schnittstelle verfügt jedes Verbindungs- und Endgerät. Sie ist die Schnittstelle, mit der das Gerät zum Speichernetz verbunden ist und über welche die Daten transportiert werden. Sie ist gleichzeitig auch ein Ansatzpunkt für die Verwaltung. Beispiel ist in einem Fibre Channel SAN eine Verwaltungsfunktionen (FC-GS-4) des Fibre Channel-Protokolls, welches diese Schnittstelle nutzen kann.

---

[15]FC-GS-4 und SNMP werden aus Platzgründen nicht näher beleuchtet. FC-GS-4 wird in Troppens et al., 2008, S. 421 ff. näher beschrieben. Zu SNMP in Speichernetzen siehe Troppens et al., 2008, S. 425 ff.

[16]Telnet und SSH sind zwar standardisierte Protokolle, jedoch sind die abzusetzenden Befehle proprietär.

Auch SCSI bietet mit den SCSI Enclosure Services eine Möglichkeit, hierüber Endgeräte zu identifizieren und Statusinformationen abzufragen.

Zusätzlich zu der notwendigen In-Band-Schnittstelle besitzen die meisten Verbindungsgeräte sowie komplexe Endgeräte eine oder mehrere weitere Schnittstellen. Sie sind nicht an das SAN, sondern z.B. an das LAN oder über serielle Kabel angeschlossen. Diese Schnittstellen sind ausschließlich zur Verwaltung vorgesehen. Sie werden als Out-Band-Schnittstellen bezeichnet. (Vgl. Troppens et al., 2008, S. 416 f.)

## 4.3 Storage Management Initiative Specification

Die Storage Management Initiative der SNIA hat zum Zweck, für die Speicherindustrie eine gemeinsame offene, erweiterbare, nahtlos zusammenarbeitende und hochfunktionale Schnittstelle für die Storage-Verwaltung zu liefern. Diese Schnittstelle ist in der Storage Management Initiative Specification (SMI-S) definiert. (Vgl. o. V., Storage Networking Industry Association (SNIA) (Hrsg.), o. S.) Sie soll die sichere Verwaltung von verteilten und heterogenen Speichersystemen erlauben. (Vgl. o. V., Storage Networking Industry Association (SNIA) (Hrsg.), 2011a, S. 1.) Die SMI-S hat inzwischen allgemeine Anerkennung erlangt. (Vgl. Vosschmidt und Wiehr, 2011, S. 98.)

Wie in Abbildung 1 zu sehen, definiert die Spezifikation Clients und Server. Ein

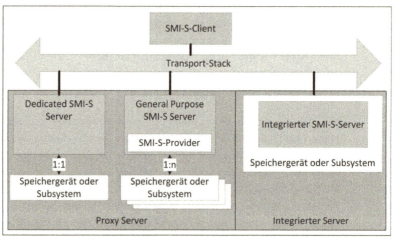

In Anlehnung an: o. V., Storage Networking Industry Association (SNIA) (Hrsg.), 2011b, S. 15.

Abbildung 1: Vereinfachtes SMI-S Referenzmodell

SMI-S-Client ist der Abnehmer der Informationen. Er gibt sie über ein API an darüberliegende Verwaltungsanwendungen – z.b. Grafik-Frameworks, Backup Engines oder Volume Manager – weiter. SMI-S-Server können in Geräte oder Subsysteme integriert sein. Oder sie fungieren als Proxy, der mit dem Speichergerät auf herkömmlichem oder proprietärem Weg kommuniziert. In Geräte oder Subsysteme integrierte SMI-S-Server sind laut Spezifikation vorzuziehen, da sie einen zusätzlichen Proxy überflüssig machen und somit den Verwaltungsaufwand verringern. Jedoch sind SMI-S-Proxy Server das Mittel der Wahl, um vorhandene Altgeräte in eine SMI-S-verwaltete Umgebung mit aufzunehmen. Ein Proxy kann ein „Dedicated SMI-S Server" oder ein „General Purpose SMI-S Server" sein. General Purpose-Server können – im Gegensatz zu Dedicated-Servern – Informationen von beliebig vielen Geräten oder Subgeräten zur Verfügung stellen und ermöglichen den Zugriff auf diese. Zu General Purpose-Servern gehört in der Regel ein SMI-S-Provider, an welchen die Hersteller ihre Produktimplentationen anpassen. (Vgl. o. V., Storage Networking Industry Association (SNIA) (Hrsg.), 2011b, S. 15 f.)

In der Tabelle 2 im Anhang (S. 23) werden in der SMI-S definierte Ebenen (Level) erläutert. In diesem Zuge wird ein Überblick über die durch die aktuelle Version 1.5.0 angebotenen Funktionen – für die Nutzung durch Verwaltungswerkzeuge – gegeben.

## 4.4 Verwaltungswerkzeuge

Verwaltungswerkzeuge können in zwei Arten unterschieden werden: Gerätebezogene Werkzeuge werden von den Herstellern der Speichergeräte zur Verfügung gestellt. Zentrale Werkzeuge wollen geräteunabhängig sein. Beide Arten werden im folgenden erläutert.

### 4.4.1 Gerätebezogene Werkzeuge

Ein Element Manager ist eine speichergerätespezifische Verwaltungsschnittstelle. Sie ist häufig als Graphical User Interface (GUI) oder Web-Interface realisiert. (Vgl. Troppens et al., 2008, S. 491.) Element Manager verwalten nur die Systeme des Herstellers und verfolgen einen proprietären Ansatz. (Vgl. Vosschmidt und Wiehr, 2011, S. 96.) Vor allem Speichergeräte der Einstiegsklasse stellen die Verwaltungsoberfläche über einen eingebauten Webserver zur Verfügung. Komplexere Speichergeräte stellen aufgrund ihres umfangreichen Funktionssatzes APIs zur Verfügung. Die Administration ist bei einigen dieser Geräte dennoch über Web-Interfaces möglich, da ein Proxy-Agent das API auf einen Webservice übersetzt.

Kleinere Unternehmen setzen meist ausschließlich Element Manager ein. Aber auch unabhängig von der Größe des SAN lässt sich der vollständige Funktionsumfang eines Speichergerätes meist nur mit einem Element Manager bereitstellen. Sie müssen daher bei komplexeren Installationsaufgaben verwendet werden. Auch zur Fehlerisolation sind sie unverzichtbar. (Vgl. Vosschmidt und Wiehr, 2011, S. 96.)

### 4.4.2 Zentrale Werkzeuge

Wie der Abschnitt 4.1 gezeigt hat, wird aber vor allem in größeren Umgebungen ein zentrales Verwaltungswerkzeug benötigt, um den Verwaltungsaufwand zu senken und vollständigen Nutzen aus dem SAN ziehen zu können. (Vgl. Troppens et al., 2008, S. 439.) Für diese Werkzeuge wird auch der Begriff Storage Resource Management (SRM)-Tools verwendet. Sie haben den Ansatz, in heterogenen Speicherumgebungen eine einheitliche Administration, Überwachung und das Erstellen von Berichten zu ermöglichen. (Döllinger et al., 2010, S. 47.)
SRM-Tools sollten nachfolgende Dienste anbieten können (vgl. Troppens et al., 2008, S. 414 f.):

- Discovery, d.h. automatisches Auffinden der im SAN eingesetzten Anwendungen und Ressourcen
- Überwachung von Anwendungen und Ressourcen mit Alarmierung bei Ausfall
- Konfiguration aller Komponenten mit der Möglichkeit vorheriger Simulation
- Analyse zum Sammeln und Ablegen von Leistungsdaten, Fehlern und Konfigurationsparametern sowie
- Datensteuerung für Aspekte wie Performance, Sicherung, Archivierung und Migration von Daten.

Die am Markt befindlichen Verwaltungs-Suites umfassen Host-Bus-Adapter, Switches und Speichergeräte. Oftmals können sie auch Serverdienste wie Volume Manager, Dateisysteme und Datenbanken berücksichtigen. Sie nutzen entweder die APIs oder die SMI-S-Provider (siehe Abschnitt 4.2) der Speicherkomponenten. Für den Tagesbetrieb können sie den alleinigen Kontrollpunkt darstellen. Für Installationen und Fehlerbehebung muss aber – wie bereits in Abschnitt 4.4.1 erwähnt – auf die spezifischen Element Manager zurückgegriffen werden. (Vgl. Vosschmidt und Wiehr, 2011, S. 96.)
Troppens et al. halten den Einsatz eines zentralen Verwaltungswerkzeuges in großen, heterogenen SAN für unumgänglich. Für kleine Umgebungen wird dies empfohlen, wenn starkes Wachstum abzusehen ist – oder aber um sich bereits auf den Einsatz

eines solchen Produktes zu spezialisieren, um bei Erreichen der „kritischen Größe"
vorbereitet zu sein. (Vgl. Troppens et al., 2008, S. 439.) Es sei darauf hingewiesen,
dass diese Softwareprodukte einen Lizenzpreis haben. (Vgl. Vosschmidt und Wiehr,
2011, S. 96.)

Ein weiterer Aspekt ist, dass die Speichergerätehersteller eine zweigleisige Strategie
verfolgen. Zum einen möchten sie aus Differenzierungsgründen die Nutzung ihrer
proprietären Ansätze fördern. Zum anderen sehen sie sich gezwungen, eine Strategie für die unabhängige Verwaltung anzubieten. (Vgl. Vosschmidt und Wiehr, 2011,
S. 98.)

Nach Döllinger et al. besteht nur in seltenen Fällen die Möglichkeit, mit einem
zentralen Tool Überblick über den gesamten I/O-Pfad zu erhalten. So haben auch
nur wenige Unternehmen ein SRM-Tool im Einsatz. (Vgl. Döllinger et al., 2010,
S. 47 u. 278.)

Ein weiterer Ansatz zur zentralen Storage-Verwaltung ist die Storagevirtualisierung
(vgl. Abschnitt 3.2.3 auf S. 11): Nur für die Basiseinrichtung der zu virtualisieren-
den Komponenten wird die proprietäre Managementapplikation (Element Manager)
genutzt. Anschließend werden die Komponenten über die Virtualisierungsinstanz
verwaltet. Nach Vosschmidt und Wiehr nutzt die Mehrzahl der Anwender Storagevirtualisierung in diesem Sinne. (Vgl. Vosschmidt und Wiehr, 2011, S. 98.)

## 4.5 Bewertung Storage-Verwaltung

Die Anforderungen an die Storage-Verwaltung hängen im wesentlichen von der Größe der SAN-Umgebung ab. Kleinere Unternehmen mit nur einem Disksubsystem
werden eher mit einem Element Manager auskommen. In großen Umgebungen tragen SRM-Tools dazu bei, die Übersicht herzustellen und letztendlich die Kosten
zu senken. Jedoch können weder die Hersteller der Speichersysteme noch die der
SRM-Tools bislang eine vollständige Unterstützung für alle Funktionen der Spei-
cherlandschaft bieten. Die SNIA-Spezifikation SMI-S ist die Schnittstelle der Wahl,
bietet aber auch selbst noch Potential für Entwicklungen. Technischen Neuerungen
wird die Standardisierung zumeist nachstehen (vgl. Abschnitt 4.2 auf S. 15).

Eine interessante Alternative ist die Nutzung der Storagevirtualisierung im SAN.
Sie vereinheitlicht nicht nur die Speichergeräte gegenüber dem Server, sondern auch
die Verwaltung für den Administrator.

# 5 Schlussbetrachtung

IT-Umgebungen können – bezogen auf den Speicher – in zwei unterschiedliche Architekturen eingeteilt werden: Auf der einen Seite die serverzentrierte Architektur, auf der anderen Seite die speicherzentrierte Architektur. Beide haben – je nach Anforderung – ihre Berechtigung.

Serverzentrierte Architekturen sind einfache und preisgünstige Systeme. Sofern Kapazität und Performance ausreichen, sollte daher auf diese zurückgegriffen werden. Dadurch ersparen Unternehmen sich auch die Beschäftigung mit dem eigenständigen Thema der Storage-Verwaltung.

Reichen Kapazitäten von DAS nicht mehr aus bzw. soll eine bessere Auslastung der Speicherkapazitäten erreicht werden, können speicherzentrierte Architekturen das Mittel der Wahl sein. Verfügbarer Speicher kann Servern bei Bedarf zugeteilt werden. Die zur Verfügung stehende Kapazität kann serverunabhängig erweitert werden. Je nach verwendetem Disksubsystem gehen damit durch zusätzliche Funktionen auch weitere Vorteile einher, wie z.b. Snapshots. Durch speicherseitige Spiegelung kann die Verfügbarkeit der Daten – auch standortübergreifend – erhöht werden. Eine Erhöhung der Kapazitätsauslastung im SAN kann mit Thin Provisioning erreicht werden. Jedoch sollten sich Unternehmen auch darüber im Klaren sein, welche Nachteile damit einhergehen (siehe Abschnitt 3.2.2.3 auf S. 9). Sind Speicherumgebungen größer, besitzen diese meist mehrere Speichergeräte von unterschiedlichen Herstellern. Ohne Storagevirtualisierung sind diese untereinander nicht kompatibel, es bestehen Speicherinseln. Abhilfe dagegen verschafft Storagevirtualisierung im SAN, welche sich auch zur einheitlichen Verwaltung der Komponenten nutzen lässt.

Mit der Größe eines SAN und Menge der damit verbundenen Systeme steigt die Herausforderung an die Storage-Verwaltung. Denn neben der Bereitstellung von Kapazität muss auch der Transport, die Lagerung und die Verwendung der Daten Berücksichtigung finden.

Kleine Umgebungen werden meist mit gerätebezogenen Verwaltungswerkzeugen administriert.

In größere Umgebungen sollte ein SRM-Tool eingesetzt werden, welches in heterogenen Umgebungen die Administration, Überwachung und Berichterstellung vereinheitlicht. Es sollte die Sicht durch das Speichernetzwerk von der Anwendung bis zum physikalischen Datenträger ermöglichen. Dadurch werden die Kosten für die Verwaltung und die Auswirkungen bei Fehlern gesenkt. Jedoch können diese Anforderungen von den verfügbaren Werkzeugen noch nicht in Gänze erfüllt werden. Eine Alternative ist die einheitliche Storage-Verwaltung mit der Storagevirtualisierung im SAN.

Durch die Loslösung des Speichers vom Server und die Verlagerung in das SAN hinein gewinnen Unternehmen Flexibilität und neue Möglichkeiten. Die damit einhergehenden Herausforderungen müssen jedoch in der IT-Organisation der Unternehmen fortwährend mit einem besonderen Stellenwert behandelt werden. Denn der zentrierte Speicher stellt einen Kern der IT-Infrastrukur dar und ist entscheidend für die Qualität der angebotenen Anwendungen.

Das Ziel dieser Arbeit ist, einen umfassenden Blick über den Einsatz von Storage in Unternehmen gegeben zu haben. Natürlich kann sie nicht in den vorliegenden 21 Seiten darlegen, was in vielen Büchern in umfangreicher Seitenzahl beschrieben ist. So wurde die Netztechnologie eines SAN mit den Möglichkeiten, wie diese gestaltet werden können, nicht beleuchtet. Auch Speichergeräte im Allgemeinen und die Disksubsysteme im Speziellen konnten nur selektiv beschrieben werden. Es existieren neben Disksubsystemen weitere Speichergeräte. Aber auch Disksubsysteme bieten Funktionen über das hier zu beschreiben mögliche Maß hinaus. Als Beispiel sei die Deduplizierung genannt, welche die Kapazitätsbelegung optimieren kann. Auch Konzepte wie hierarchisches Speichermanagement und Tiered Storage zur Nutzung des richtigen Speichers sowie Storage as a Service können im Zusammenhang mit Storage relevant werden.
Diese Punkte können die Motivation für weiterführende Arbeiten sein.

# Anhang 1: Abbildung Storage-Architekturen

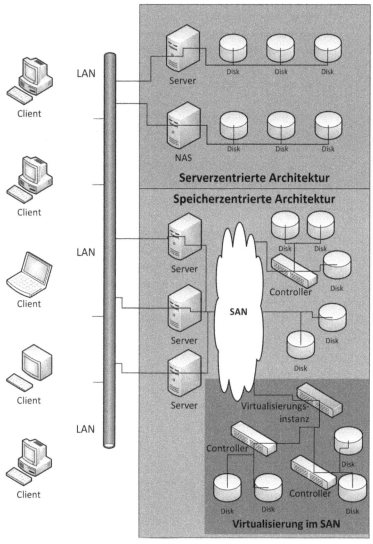

Vgl. Stahlknecht und Hasenkamp, 2005, S. 457; Troppens et al., 2008, S. 2, 4 u. 192

Abbildung 2: Übersicht Storage-Architekturen

# Anhang 2: Definitionen und Funktionen der SMI-S Level

In nachfolgender Tabelle werden die in der SMI-S definierten Ebenen (Level) und deren Funktionen erläutert. Die Spalte „Level-Definition" enthält der Definition der Ebene durch die SMI-S. Die Spalte „Funktionen SMI-S Version 1.5.0" beschreibt die laut Spezifikation durch die aktuelle Version 1.5.0 angebotenen Funktionen für die Nutzung durch Verwaltungswerkzeuge. (Vgl. o. V., Storage Networking Industry Association (SNIA) (Hrsg.), 2011a, S. 21.)

Tabelle 2: Definitionen und Funktionen der SMI-S Level

|  | Level-Definition | Funktionen SMI-S Version 1.5.0 |
|---|---|---|
| Application Level | Soll zu verwaltende Anwendungen innerhalb der vernetzten Speicherumgebung, z.b. Datenbanken und E-Mail Server enthalten. | Version 1.5.0 unterstützt keine Funktionen auf dieser Ebene. |
| File/Record Level | Zu verwaltende Datenobjekte wie z.b. Dateisysteme eines Netzwerkspeichers, aber auch Records eines blockorientierten Speichers sind hier eingeordnet. Erhebung der Auslastung von durch Funktionen des nachfolgenden Block Level verwalteten Volumes. | NAS profiles bieten Unterstützung für Fault Management (Fehlererkennung) sowie Discovery[17] für logischen Speicher inklusive Speicherbereichen (Configuration Management). |

Fortsetzung auf nächser Seite

---

[17]Discovery ist das automatische Auffinden von Ressourcen im SAN. (Vgl. Troppens et al., 2008, S. 414.)

Tabelle 2: (Fortsetzung)

| Level-Definition | | Funktionen SMI-S Version 1.5.0 |
|---|---|---|
| Block Level | Enthält alle Funktionen, die für Verwaltungswerkzeuge nötig sind, um mit Volumes von vernetztem Speicher umzugehen. Logical Units, LUN-Masking und -Mapping, Volume Manager usw. werden hier eingeordnet, genauso Virtualisierung auf Blockebene. | Fehlererkennung (Fault Management durch „Health Package" mit Typ, Kategorie und Quelle von Fehlern. Möglichkeiten für Discovery, Konfiguration und Monitoring von Block Level Ressourcen. Beinhaltet Discovery, Erstellen, Löschen und Verändern von Storage Volumes im SAN. Accounting Management[18] für Block Level Ressourcen. Performance Management[19] Funktionen für Block Level-Ressourcen (wie von Arrays, Virtualisierungssystemen und Volume Managern zur Verfügung gestellt). Security Management erlaubt die Verwaltung von Verbindungs und Zugriffsrechten auf Storage Volumes. |
| Connectivity Level | Enhält alle Funktionen, die es Verwaltungsapplikationen erlauben, mit den logischen Aspekten der verwalteten Verbindung zwischen physikalischen Elementen in der vernetzten Speicherumgebungen umzugehen.[20] Diese Ebene behandelt auch die logischen Aspekte der Switch-Verbindung. | Das Fault Management erlaubt die Erkennung des Status der Verbindungen zwischen SAN-Geräten. Mit Configuration Management ist das Discovery, die Konfiguration und das Monitoring der Verbindungen zwischen SAN-Geräten möglich. Accounting Management ist Discovery möglich, Messen der Nutzung mit einem optionalen Subprofil. Performance Management-Funktionen durch die Subprofile „FCPortStatistics" und „Fabric Path Performance". Security Management wird durch „basic device authentication" und einige Subprofil unterstützt. |

Fortsetzung auf nächser Seit

---

[18] Accounting Management soll die Nutzung der verwalteten Elemente messen und fakturieren. (Vgl. o. V., Storage Networking Industry Association (SNIA) (Hrsg.), 2011a, S. 20.)

[19] Performance Management soll die Leistung, Fehlerrate und Auslastung der verwalteten Elemente überwachen. (Vgl. o. V., Storage Networking Industry Association (SNIA) (Hrsg.), 2011a, S. 20.)

[20] Als Beispiele werden Fibre Channel Fabrics und Zones sowie iSCSI-Sessions genannt. (Vgl. o. V., Storage Networking Industry Association (SNIA) (Hrsg.), 2011a, S. 20.)

Tabelle 2: (Fortsetzung)

| Level-Definition | Funktionen SMI-S Version 1.5.0 |
|---|---|
| Device Level | Enhält alle Funktionen, die es Verwaltungsapplikationen erlauben, mit den physikalischen Aspekten der verwalteten Elemente in der vernetzten Speicherumgebungen umzugehen. Diese sind Host-Bus-Adapter, Switche, Speichersysteme usw. Diese Ebene behandelt auch Funktionen, die anderen Elementen im SAN nicht zur Verfügung gestellt werden. Beispiel ist die Verwaltung von Speichereinheiten in einem Speichersystem, bevor diese einem Pool zugewiesen werden, auf den über das Netz zugegriffen werden kann. | Fehlererkennung (Fault Management) durch „Health Package" mit Typ, Kategorie und Quelle von Fehlern. Möglichkeiten für Discovery, Konfiguration und Monitoring von Geräten im SAN. Accounting Management wird – außer durch normales Geräte-Discovery – nicht unterstützt. Performance Management ist für einige SAN-Geräte möglich. Security Management auf Device-Ebene wird durch „basic authentication" unterstützt. |

Vgl. o. V., Storage Networking Industry Association (SNIA) (Hrsg.), 2011a, S. 20 bis 23.

# Literaturverzeichnis

Bunn, Frank; Simpson, Nik; Peglar, Robert; Nagle, Gene; Storage Networking Industry Association (SNIA) (Hrsg.): SNIA Technical Tutorial : Storage Virtualization, http://www.snia.org/sites/default/files/sniavirt.pdf (04.12.2011, 20:33), 2004.

Döllinger, Roland; Legler, Reinhard; Bui, Duc Thanh: *Praxishandbuch Speicherlösungen : Effektives Vorgehen bei Planung, Implementierung und Betrieb von Fibre-Channel-basierten Speicherumgebungen*, Dpunkt.Verlag GmbH, Heidelberg, 1. Auflage, 2010, ISBN 9783898645881.

Erkens, Rainer: Speichernetz : Virtualisierung im SAN, in: *ix kompakt Storage*, (2/2011): S. 166 bis 168, 2011.

Hansen, Hans Robert; Neumann, Gustaf: Informationstechnik, in: *Wirtschaftsinformatik*, UTB für Wissenschaft: Uni-Taschenbücher, Lucius & Lucius, Stuttgart, 9., neu bearb. Auflage, 2005, ISBN 9783825226701.

Mücke, Andrej: Harddisks : Was Festplatten leisten, in: *ix kompakt Storage*, (2/2011): S. 11 bis 13, 2011.

o. V., Heise Zeitschriftenverlag GmbH & Co. KG (Hrsg.): Glossar : Die wichtigsten Abkürzungen und Begriffe rund um Storage, in: *ix kompakt Storage*, (2/2011): S. 183 bis 186, 2011.

o. V., Paul Hemetsberger IT-Dienstleistungen (Hrsg.): dict.cc | Speichermanagement | Wörterbuch Englisch-Deutsch, http://www.dict.cc/?s=Speichermanagement (16.11.2011, 11:54).

o. V., Storage Networking Industry Association (SNIA) (Hrsg.): Released Versions of SMI-S | Storage Networking Industry Association, http://www.snia.org/forums/smi/tech_programs/tech_activities/spec_activities (12.12.2011, 10:17).

o. V., Storage Networking Industry Association (SNIA) (Hrsg.): Storage Management Technical Specification, Overview . Version 1.5.0, Revision 6, http://snia.org/sites/default/files/SMI-Sv1.5r6_Overview.book_.pdf (12.12.2011, 10:36), 2011a.

o. V., Storage Networking Industry Association (SNIA) (Hrsg.): Storage Management Technical Specification, Part 1 Common Architecture : Version 1.5.0, Revision 6, http://snia.org/sites/default/files/SMI-Sv1.5r6_Architecture.book_.pdf (12.12.2011, 10:36), 2011b.

Pultorak, Dave; Quagliariello, Pete; Akker, Rolf: *Das MOF-Taschenbuch : effizientes Management von Dienstleistungen im IT-Betrieb; Microsoft Operations Framework, Version 3.0*, Van Haren, Zeewolde, 2. ausg., 1. Auflage, 2005, ISBN 9077212531.

Riepe, Michael: Solid State Disks : Flash-SSDs in Servern und Storage-Systemen, in: *ix kompakt Storage*, (2/2011): S. 8 bis 10, 2011.

Robbe, Björn: *Storage Area Network : SAN; Technologie, Konzepte und Einsatz komplexer Speicherumgebungen*, Hanser, München, 2., aktualisierte und erw. Auflage, 2004, ISBN 3446225978.

Stahlknecht, Peter; Hasenkamp, Ulrich: *Einführung in die Wirtschaftsinformatik*, Springer, Berlin, 11., vollst. überarb. Auflage, 2005, ISBN 9783540011835.

Troppens, Ulf; Erkens, Rainer; Müller, Wolfgang: *Speichernetze : Grundlagen und Einsatz von Fibre Channel SAN, NAS, iSCSI und InfiniBand*, dpunkt-Verl., Heidelberg, 2., aktualisierte und erw. Auflage, 2008, ISBN 9783898643931.

Vosschmidt, Mario; Wiehr, Hartmut: Storage-Management : Speichernetze und ihre Verwaltungsinstrumente, in: *ix Kompakt Storage*, (2/2011): S. 95 bis 98, 2011.

Wheeldon, David; Cannon, David T; Taylor, Sharon; Great Britain / Office of Government Commerce (Hrsg.): *Service operation (SO) : ITIL / OGC, Office of Government Commerce*, The Stationery Office, London, 2. Auflage, 2007, ISBN 9780113310463.

Wurm, Andreas: Thin Provisioning : Variable Speicherzuweisung, in: *ix kompakt Storage*, (2/2011): S. 169 bis 171, 2011.

Wurm, Andreas; Nolte, Susanne: Disk-Storage : Was Festplatten-Subsysteme können, in: *ix kompakt Storage*, (2/2011): S. 76 bis 80, 2011.

Zimmer, Dennis: Cluster, in: *VMware vSphere 4 : Das umfassende Handbuch*, S. 119 bis 174, Galileo Computing, 1. Auflage, 2010a, ISBN 9783836214506.

Zimmer, Dennis: Storage-Architektur, in: *VMware vSphere 4 : Das umfassen-*

*de Handbuch*, S. 373 bis 452, Galileo Computing, 1. Auflage, 2010b, ISBN 9783836214506.

www.ingramcontent.com/pod-product-compliance
Lightning Source LLC
LaVergne TN
LVHW042307060326
832902LV00009B/1311